Bernhard Seuffert

Maler Müllers Faust

Bernhard Seuffert

Maler Müllers Faust

ISBN/EAN: 9783744620048

Hergestellt in Europa, USA, Kanada, Australien, Japan

Cover: Foto ©ninafisch / pixelio.de

Weitere Bücher finden Sie auf **www.hansebooks.com**

Maler Müllers

Faust.

Inaugural-Abhandlung

vorgelegt

der hohen philosophischen Fakultät der Universität Würzburg

von

Bernhard Seuffert.

Würzburg.

Druck der Thein'schen Druckerei (Stürtz).

1876.

Vorwort.

————

Die vorliegende Abhandlung ist ein Theil meiner Monographie über den Dichter und Maler Friedrich Müller.

Abgesehen vom allgemeinen Interesse der Faustsage und ihrer Fähigkeit, das Wesen eines Dichters ganz in sich aufzunehmen, kann Müllers Faust die litterarische Thätigkeit des Verfassers deswegen vertreten und abspiegeln, weil die Dichtung, in zweimaliger Bearbeitung, ebenso der ersten Jugendperiode, als den Mannes= und Greisenjahren Müllers angehört.

Würzburg, Juli 1876.

B. S.

Abkürzungen.

M. = Müller. B. M. = Berliner Material d. i. ungedruckte Manuskripte Müllers im Besitze der kgl. Bibliothek zu Berlin. Frkf. Conv.-Bl. = Frankfurter Conversationsblatt. W. Jhrb. = Weimarisches Jahrbuch. Gel. Schatt. = Geliebte Schatten. A. f. Lg. = Archiv für Litteraturgeschichte. Holtei = Holtei ed. 300 Briefe. Wagner an Ludwig, d. i. Kronprinz Ludwig von Bayern an den Künstler J. M. v. Wagner; ungedruckter Briefwechsel im Besitze des v. Wagnerischen Kunstinstituts in Würzburg. Mit den Zahlen ohne Beisatz sind Müllers Werke 1811 citiert.

Faust.

M. hat Vorliebe für Volksbücher. Er kennt alter
Roman= und Novellenstoffe mehrere, wie den Amadis, die
Herkulessage, die Magellone[1]), den Herzog Ernst[2]), die
Trojanersage[3]). Die Genovesalegende behandelt er mehrfach
dichterisch. Diese Neigung legte ihm in früher Jugend die
Faustsage nahe, die ihn dann bis ins späteste Alter be=
gleitete. Und noch mehr als die seiner Heimath Kreuznach nach=
barliche Genovesa mußte ihm Faust sein; war Faust doch selbst
in Ms. Geburtsort Rektor des Gymnasiums gewesen[4]). Möge
der Dichter selbst über sein Verhältniß zur Faustsage sprechen.
Er bittet Gemmingen, welchem er seine Dichtung widmet:[5])
„Nehmen Sie, was ich hier gebe, rein, wie es aus meinem Herzen
entsprang; das Stück eines Dinges, das in meiner Jugend
mich oft froh und schauerlich gemacht, mich bald erschreckt,
und entzückt und doch immer das Spielwerk meiner Imagi=
nation blieb; entschossen jetzt der Baum mit Ranken und
Blättern dem Körnchen, das einst mit Taubenmund meine
Amme den Schoos herab mir zugelullt; Kindermährchen,
das sich zuerst in meiner Jugend=Phantasie befing, mit mir
ins stärkere Leben wuchs, fest gehalten von dem Herzen,
wie ein Fels, den die Klaue der Eiche packt. Was ist ge=

---

[1]) B. M. [2]) I, 311. [3]) II, 17. [4]) Gust. Wulfert, das gelehrte
Schulwesen Kreuznachs in geschichtlichen Umrissen. Progr. d. Kreuzn.
Gymn. 1869, 8 und 10 ff. [5]) Vorrede aus der 1. Ausg., welche an
vielen Stellen derbere Lesarten bietet.

worden? Ihrem Blick überlaß ich das; mir war's oft
Leitfaden, an dem ich in die Vergangenheit wieder zurück=
schlich, wenn es mir in der Heutigkeit nicht besser gefiel,
und das ist doch wohl nicht wenig. . . . . . Was dacht
ich jemals einen Faust niederzuschreiben! Das Erzählen,
das Nachdenken über einen Mann, der mir gefiel, die Be=
gierde, ihn gegen Alle zu vertheidigen, die ihn unrecht
nahmen, ihn als einen boshaften oder kleinen Menschen in
die Rumpelkammer herab stießen, das Zurechtrücken in ein
vortheilhafteres Licht, brütet nach und nach väterliche Wärme
an. Wir sehen das Ding vor uns entstehen und tragen
Gewissen, es (nicht) [1]) sogleich wieder der Vernichtung ent=
gegensinken zu lassen. Eine Weile nehmen wir es gastfrei
in unser Herz auf, und sitzt es einmal da, so hat's ge=
wonnen. Es ißt, trinkt, träumt, lebt, nährt sich in uns,
es steigt und wächst in uns und ruht nicht, bis es zur
Welt kommt. Und siehe da, aus Scherz wird endlich Ernst,
der Lebhafteste kriecht und kriecht und trägt sich und ver=
sagt sich und kann doch nicht anders und muß endlich in
sein Nestchen, wo er nach Herzensgefallen bequemer gebähren
kann. Ist das Kind einmal völlig zur Welt, was will man
thun, wer fühlt dann nicht Vater=, Mutterpflicht? Alles,
was man an= und aufbringen kann, wird daran gehängt
und gewendet, das Närrchen wo möglich in die Welt honett
auszustaffiren. So entsprang . . . dieser Faust. . . .
Faust war mir in meiner Kindheit immer einer meiner
Lieblingshelden — —."

Die Vorliebe M's. zur Faustsage beruhte nicht allein
in seiner persönlichen Natur. Bedeutungsvoll genug tritt
die in ihrem Kerne reformatorische Sage in der Re=
volutionszeit der deutschen Litteratur, in der Sturm=

---

[1]) In Ausg. 1811 mit Recht gestrichen.

und Drangperiode als beliebter Stoff hervor. Goethe, Lessing, Klinger nahmen außer M. die Sage zum Vorwurfe. Diese Wahl mußte offenbar in der Zeitrichtung begründet sein. Und M. verleiht dem Zusammenhange der Faustpersönlichkeit mit den Kraftgenies deutlichen Ausdruck in seiner Vorrede. Auch diese Stelle soll ungekürzt hier Platz finden, wie die launige Entstehungsgeschichte, da sie ebenso charakteristisch für die Periode der Litteratur ist, als die angeführte Partie interessant für Ms. Wesen. M. sagt: „Ich nahm Faust gleich vor einen großen Kerl, einen Kerl, der alle seine Kraft gefühlt, gefühlt den Zügel, den Glück und Schicksal ihm anhielt, den er gern zerbrechen wollt und Mittel und Wege sucht; der Noth genug hat, Alles niederzuwerfen, was im Weg trat und ihn verhindern will, Wärme genug in seinem Busen trägt, sich in Liebe an einen Teufel zu hängen, der ihm offen und vertraulich entgegen tritt. Das Emporschwingen so hoch als möglich ist, ganz zu sein, was man fühlt, daß man sein könnte — es liegt doch so ganz in der Natur! Auch das Murren gegen Schicksal und Welt, die uns niederdrängt und unser edles selbständiges Wesen, unsern handelnden Willen durch Conventionen niederbeugt. Die erste oberste Sprosse auf der Leiter des Ruhms, der Ehre, zu besteigen, wer wagt nicht darnach? Wo ist das niedrige duldende Geschöpf, das, immer gleichgültig, aus der Tiefe nicht einmal in Gedanken hinaufwärts wünscht? Nicht fliegen wollte, wenn einer Flügel ihm gäbe, nicht steigen wollte, hüb ihn einer auf allmächtigen Armen empor? der freiwillig resignirte, sich an seiner Niedrigkeit weidete, lieber das Letzte vor dem Ersten wählte? Ich habe keinen Sinn für solch ein Geschöpf; sehs als irgend ein Monstrum an, das unzeitig dem Schoos der Natur entging und an das sie auch keinen Anspruch weiter macht. — Wenn Eigennutz und Eigenliebe die Maschinen sind, die den Weltpuls in Gang halten — was Wunder dann, wenn der starke große Kerl sein Recht nimmt und wenn auch sein Muth ihn über die Welt hinaustreibt, ein Wesen zu suchen, das ihm ganz genüge? Es gibt Momente im Leben, wer erfährt das nicht, hats nicht tausendmal erfahren, wo das Herz sich selbst überspringt, wo der herrlichste, beste Mensch, trotz Gerechtigkeit und Gesetzen, absolut über sich hinausbegehrt."

Die Worte bedürfen keines Kommentars; klarer als hier treten die Tendenzen der Sturm= und Drangperiode nirgends zu Tage.

Nicht nur dem Geiste, auch der Form nach gehören M's. Faustfragmente dieser Zeit an. M. tritt mit ihnen zum ersten Male als Dramatiker hervor; die Vorbereitung dazu war ja in der Ausbildung der Gedichte und Idyllen gegeben. Shakespeares Geist, dem Geist des Idealdichters der Periode, widmet M. seine „Situation aus Fausts Leben" 1776. Es folgte nach „Fausts Leben, dramatisirt," 1. Theil 1778. Die Fortsetzung sollte schnell oder langsam folgen, so wie dem Dichter Lust zum Ausrunden wurde. Sie erschien nicht im Druck.

Vor allem liegt die Frage zur Beantwortung vor, ob Goethes Faust seine Dichtung beeinflußt haben kann. M. sagt darüber in der Vorrede: „Lessing und Goethe arbeiten beide an einem Faust; ich wußte es nicht, damals noch nicht, als der meinige zum Niederschreiben mir interessant wurde."

Es ist kein Grund vorhanden, diesen Worten zu miß= trauen. Da die 1. Scene zu M's. Faust 1776 erschien, mag dieselbe 1775 gedichtet, vielleicht schon früher foncipiert sein. Zur gleichen Zeit wuchs allerdings Goethes Faust und wurde vom Dichter mehrfach Freunden mitgetheilt. An=

fangs 1775 kam M. mit Goethe zusammen; aber ob Goethe bei diesem flüchtigen Bekanntwerden seinen Stoff verrieth? M. erfuhr wohl erst im Verkehr mit der Goethianertrias, der nicht vor 1776 fällt, von des Meisters Plan. Daß M. mit der Gestaltung des Stoffes durch Goethe nicht bekannt war, beweist für Faust's Leben die metrische Bearbeitung M's. durch ihre Abweichungen vom prosaischen 1. Theile. Bei dieser war Goethes Faust Vorbild. Es ist deßhalb unge= rechtfertigt, wenn es in der Berliner Litteratur= und Theater= zeitung[1]) heißt: „Herr Müller sage, was er will, Goethe ist sein Vorbild."

Ebenso wenig veranlaßte Lessings im 17. Litteratur= briefe veröffentlichtes Faustfragment M's. Entschluß zur Bearbeitung der Sage. Erst durch mündliche Auslassungen sollte Lessing einflußreich auf M's. Dichtung werden. Zwar für die beiden ersten Veröffentlichungen M's., die Situation[2]) und den ersten Theil von Faust's Leben,[3]) kamen dieselben zu spät; erstere war 1776 erschienen, also bevor Lessing nach Mannheim kam, letzterer war nach M's. Zeugniß damals schon in Händen des Buchhändlers. Unbestimmter äußert M. ein andermal, zur Zeit des Zusammenseins mit Lessing habe ihm die Idee der Tragödie vorgeschwebt.[4]) Wenn der Brief an Dalberg[5]) richtig 1778 datiert ist, las M. Schwan, Dalberg und Gemmingen wohl nicht den 1. Theil, sondern die versprochene Fortsetzung vor dem Drucke vor, da der 1. Theil anfangs 1777 ja schon in Schwan's Händen ge= wesen sein soll und noch 1778 erschien. Haben die Hörer die Fortsetzung nicht für druckfähig gehalten? Wenigstens unterblieb der Druck einer solchen. Von einer Vollendung dieser prosaischen Bearbeitung hört man nichts. Fr. Götz[6])

---

[1]) 1779. 237. [2]) II, 165. [3]) II, 1. [4]) Frkf. Conv.-Bl. 1849, No. 56.
[5]) W. Jhrb. V, 26 [6]) Gel. Schatt.

will jedoch ein vollständiges Manuskript davon besitzen; viel=
leicht, daß dies in Mannheim angefertigt und in Schwans
Besitz geblieben war. Oder M. nahm es mit nach Rom
als Grundlage für seine metrische Bearbeitung, mit der zu=
gleich es nach Deutschland zurückgekehrt sein mag.

Jedenfalls ist M. der erste seiner Zeitgenossen, welcher
ausführlichere Anfänge eines Faustdrama — Lessings Frag=
ment ist Skizze — durch den Druck veröffentlichte, und er
mag so früh wie jener die Wahl dieses Stoffes getroffen
haben. —

War das Puppenspiel oder das Volksbuch M's. Vor=
lage? Sicher das erstere. In der Situation ist Fritzel
genau dem Kasperle der Komödie entsprechend. Die Situation
überhaupt ist die Puppenspiel=Scene am Hofe. Wie das
Puppenspiel seine Helden nach der ersten Hälfte, d. i. nach
zwölf Jahren Halt machen läßt, so tritt auch bei M. dieser
Abschnitt scharf hervor. Bei Fausts Leben liegt der Beweis
in folgender Zusammenstellung, welche nicht mit dem Volks=
buche möglich wäre. In der Puppenkomödie und bei
M. ist ein Vorspiel in der Hölle; in beiden hat Faust
großen Geldmangel; in beiden erscheinen bei der Verschwör=
ung sieben Teufel, die nach Fähigkeiten (auch bei M. zum
Theil Geschwindigkeitsgrade, wie im Puppenspiel und bei
Lessing) gefragt werden, und als achter Mephistopheles; in
beiden schlummert Faust nach der Verschreibung; endlich
erscheint auch bei M. der Nachtwächter, in welcher Gestalt
Kasperle am Schlusse auftritt. Dagegen kommt von den
Stücken des Volksbuches keines in den gedruckten Theilen
von M's. Faust vor.

Das Puppenspiel, das M. kannte, muß nahe Verwandt=
schaft gehabt haben mit dem allegorischen Drama in fünf

Aufzügen „Johann Faust" gedruckt 1775 in München.[1]) Hier sind wie bei M. Fausts Eltern handelnde Personen. Fausts Sohn von der Geliebten Helena, welcher in der metrischen Faustbearbeitung M's. und wohl schon in der prosaischen, eine große Rolle spielt, findet sich nach altem Vorgange ebenda. Auch die Einführung verschiedener Stände in Karrikaturen ist beiden Dramen eigen. Wenn M. der englischen Sprache mächtig gewesen wäre, würde man die Kenntniß des Marlowe'schen Faust annehmen können. Der warnende Alte Marlowes, der Faust einmal Sohn nennt, entspricht der Auffassung von Fausts Vater bei M. Weiter= hin zeichnet M. wie Marlowe Mephistopheles als mit= fühlenden Geist, der seine Verdammung schwer empfindet. Zu solcher Charakteristik mag jedoch Klopstocks Abadonna im Messias Vorbild gewesen sein.

Die Situation aus Fausts Leben, vor dem 1. Theile von Fausts Leben veröffentlicht, ist kein Vorspiel. Sie gehört nach M's. Angabe[2]) in den 2. Theil der auf fünf Akte angelegten prosaischen Dichtung. Die Erzählung des Inhalts muß demnach mit dem später Erschienenen beginnen. In der 1. Scene, einer Besprechung der höllischen Fürsten, klagt Lucifer über die Kraftlosigkeit der Menschen, derenthalber außer sich vor Wuth er der Welt den Rücken zu kehren beschließt. Da weist Mephistopheles auf Faust hin, als auf einen Kraftmenschen. Sein Versprechen, diesen für die Hölle anzuwerben, vermag den Höllenfürsten zur

---

[1]) Engel, Puppensp. I, Einleitg. 34. Leider kenne ich nur den a. a. O. gedruckten Theaterzettel. Vielleicht kann als Stütze meiner Ansicht gelten, daß der Rec. der Berl. Litt.= u. Theat.=Zeitg. 1779, 237 durch M's. Faust an einen zu München gelesenen erinnert wird. [2]) Vorr. z. 1. Aufl. 11.

Fortführung des Regiments. Nach dem Prologe beginnt die Tragödie. 1. Scene: Faust, tief verschuldet durch fremde Schlechtigkeit, wird von den jüdischen Gläubigern derer, für welche er vertrauensvoll Bürgschaft geleistet hatte, verfolgt. Er selbst ist noch ahnungslos, daß er das Opfer einer Schurkerei wurde; sein Monolog — 2. Scene — jammert nur über seine eingeschränkte Kraft des Vollbringens; daß er eingeengt sei, er, aus dem doch ein Löwe von Unersättlichkeit brüllt, der den Gott in seinen Adern flammen fühlt. Zu diesem seelischen Leid kommt die äußere Noth. Wagner theilt seinem Freunde die Bedrängniß mit, doppelt peinlich für Faust, weil er mit dem verlorenen Gelde seinen armen Verwandten Unterstützung versprochen hatte. Die Schwierigkeit der Lage steigert sich. Faust, der an Wissen über seine Zeitgenossen hinaus ragt, wird von Gelehrsamkeitskrämern angefochten. Davon gibt die 3. Scene Kunde: Ein Magister als Karrikatur des wissenschaftlichen Mißstandes, mit Beihelfern voll Gebrechen, strebt Faust zu vernichten. Vergeblich tritt ein Verehrer Fausts zu dessen Gunsten ein in einem Gespräche mit dem Magister Knellius, wobei dessen hohle Gelehrsamkeit beleuchtet und verspottet wird. In der 4. Scene besprechen Wagner und Eckius ihres Freundes Faust sonderbares Wesen. 5. Scene: Faust entschließt sich im Interesse der Verwandten sein Glück am Spieltische zu versuchen. Tiefsinnig, nur mit sich beschäftigt, nimmt er keinen Antheil an seines Freundes Kölbel Heiterkeit über die gelungene Entführung zweier Mädchen. An diese knüpft sich eine komische Scene: Der Vater sucht die verschwundenen Töchter. Noch weiter verliert sich der Stoff von der Hauptperson. Der Gottesspürhund Kaufmann, noch zweimal in Mts. Werken, auch in Klingers „leidendem Weibe" vorkommend, wird mit Fausts Freunden bekannt, nicht ohne

daß seine Art verhöhnt wird.[1]) In der 6. und 7. Scene
wird Fausts Familie eingeführt. Der Vater kommt nach
Ingolstadt, den verrufenen Sohn zu retten. Die schlimme
Zeitung von dessen Noth beugt den Vater noch mehr nieder.
Noch wächst die Bedrängniß. Knellius hat inzwischen die
Stadt in Aufregung gebracht. Die Polizei fahndet nach
Faust -- 8. Scene. Dieser wagt in der Spielhölle —
9. Scene — von Verlust zu Verlust, bis er von allen
Spielgenossen verlassen allein in dem von Häschern um=
ringten Hause zurückbleibt. Da verspricht eine Geisterstimme
Reichthum und Ehre, Auszeichnung und Wollust. Und in
seiner Noth bittet Faust um den Beistand des Geistes.
Auf den Anruf erscheint Mephistopheles als Physiognomiker
im Einklang mit Fausts Neigung zu dieser Wissenschaft.
Um so leichter wird der Bund geschlossen; zumal die herein=
stürmende Polizei und das nachdrängende Volk den Ent=
schluß beschleunigen. Der Geist entführt Faust rettend durch
die Luft. So finden die Eintretenden das Zimmer leer,
weshalb Fausts Freunde Rechenschaft für die scheinbar un=
gerechte Verfolgung fordern. Dieser Mißerfolg der Feinde
Fausts macht den Magister Knellius zum Zielpunkt der
gereizten Studentenschaft; ihr Angriff auf ihn ist in der
folgenden Scene derb dargestellt. Am Schluß der Scene
ein Gespräch zwischen den Freunden Fausts, woron er
weiterhin selbst Theil nimmt: Faust offenbart seine himmel=
anstrebenden Gedanken. 11. Scene: Die getäuschten Juden
entwickeln einen neuen Plan, ihr verlorenes Geld wieder
zu erhalten. Die 13. Scene führt Faust mit seinem Vater

---

[1]) Ein Theil der Kaufmann betreffenden Scene ist abgedruckt im
deutsch. Mus. 1779, I, 284: Gottesspürhund. Vetter von Johann Peter
Kraft. Aus Fausts Leben, dramatisirt von Herrn Müller, dem Maler.

zusammen; dieser, — 12. Scene — durch einen Traum an
das drohende Verderben seines Sohnes gemahnt, tritt als
Warner mit solcher Kraft auf, daß Faust schwört, er wolle
ein lieber Sohn bleiben. Da treten die teuflischen Ge=
walten dazwischen; sofort bereut Faust sein dem Vater ge=
gebenes Versprechen, weil es ihn um die ersehnte Zukunfts=
größe bringt. Diese Regung des Wissensdurstes, den Ent=
schluß, sich von allem in der Welt los zu reißen, bestärkt
die Nähe der Mitternachtsstunde und damit die Erinnerung
an den Vorsatz, sich dem Teufel zu verschreiben. Faust
lenkt seine Schritte zum Kreuzweg. Zwischenscenen: Kölbel
bei einem Liebesabenteuer; er bringt Gretchen eine Serenade.
Wagner in wachsender Besorgniß für Faust folgt den Schritten
des Freundes. Die 15. Scene bildet die Beschwörung der
Geister durch Faust. Sieben Geister bieten ihre Fähigkeiten
an, endlich Mephistopheles. Bei dessen Erscheinen sinkt Faust
in Schlummer, und vor dem Schlafenden monologisiert
Mephistopheles über sein eigenes Elend und den traurigen
Zwang, Faust vernichten zu müssen. Damit schließt der
1. Akt.

Die Situation aus Fausts Leben beginnt wiederum
mit einer Höllenscene. Mephistopheles, erhaben über das
gemeine Streben der Teufel, verdammt die schlechten Thaten,
deren sie sich rühmen. Zwölf Jahre, die Hälfte der Zeit,
auf die Fausts Pakt lautet, sind verflossen. Mephistopheles
muß nach dem Vertrage Faust jetzt erinnern an den Abfluß
dieser Zeit, weil Faust hier noch zurücktreten kann. Faust
lebt am Madrider Hofe. Sein Diener Fritzel, der Hans=
wurst, warnt ihn umsonst vor dem Teufel. Wegen seiner
Künste am Hofe sehr gefeiert, empfängt er eben von der
Hand der geliebten Prinzessin den Ehrentrunk aus goldenem
Becher, er fühlt sich dem Königsthrone nahe — da tritt

Mephistopheles dazwischen mit der Verkündung der zwölften Stunde. Faust will sich frei machen, da er sich am Ziele seines Ehrgeizes wähnt, aber Mephistopheles' Drohung, er würde sofort als Bettler inmitten der Hofgesellschaft stehen, hält ihn in Fesseln.

Damit ist Fausts Vertrag für weitere zwölf Jahre gültig und seine Seele der Hölle verfallen. Soweit die Situation. Sie setzt voraus, daß die erste Hälfte des zweiten Theils die Punkte des Vertrags zwischen Faust und der Hölle brachte und dessen Künste am Madrider Hofe zeigte.

Diese Scene am Hofe war früher anders geplant. Das B. M. enthält eine Skizze, worin Faust ebenfalls in Madrid geehrt erscheint. Aber es knüpft sich daran nicht die Kata=strophe mit Mephistopheles, sondern die Fortsetzung der Weltfahrten. Faust sieht auf dem Armbande der Prinzessin ein wunderbar schönes Frauenbild, das der Prinzessin Magellone. Der Anblick bestimmt ihn, am Hofe von Eng=land unter den Bewerbern um die Hand der Prinzessin aufzutreten. Sofort erfaßt Magellone Liebe zu dem prächtigen Fürsten. Damit brechen die erhaltenen Scenen ab. M. verknüpft auf diese Weise mit der Faustsage die Geschichte des Volksbuches Magellone, woraus er einen Abschnitt [1]) berührt.

Die Einleitung der Scene entnahm M. aus dem Romane Zieglers „die asiatische Banise", welchem er ja öfters in seinen Dichtungen nahe steht. Dort verliebt sich der Held in das Bild einer Prinzessin, das er auf einem Armbande ihrer Freundin sieht, und beschließt, die Porträtierte aufzusuchen. Auch der Roman enthält die Aeußerung, daß der Schauende nicht für

---

[1]) Simrock, Volksbücher I, 74.

möglich hält, daß das Bild die Züge einer sterblichen wiedergäbe.

Noch zwei weitere Fragmente finden sich im B. M., welche Weinhold als Bruchstücke des prosaischen Faust herausgab. ¹) Eine Episode „Fausts Spazierfahrt“ gegen Merck gerichtet, eine zweite zur Verherrlichung Kaufmanns. Die Abfassungszeit der letzteren muß noch ins Jahr 1776 fallen, da schon im Januar 1777 M. in Fausts Leben eine höhnische Beurtheilung Kaufmanns eingeflochten hatte. Da jedoch in dem Fragmente der Name Fausts nicht genannt ist, so ist kein zwingender Grund vorhanden, das Bruchstück als Episode zum Faust zu betrachten. In dem Faust, wovon der 1. Theil 1778 gedruckt ist, konnte es schon deßwegen nicht Raum finden, weil hier Kaufmann verspottet wird. Das Fragment dagegen verherrlicht denselben und mag nichts weiter sein, als die Ausführung eines Erlebnisses des Kraftapostels, wie M. sein eigenes Verhältniß zu Lottchen ja auch dramatisierend niederschrieb. Gerade so gut als M. Kaufmann in „Kreuznach“ verherrlicht, konnte er auch eine selbständige Scene zu dessen Gunsten verfertigen, in welcher der auf seinem oft gerühmten Schimmel ²) reisende Philanthrop hilfreich erscheint.

Noch weniger wahrscheinlich als die Zugehörigkeit dieser Scene zu Fausts Leben ist die des zweiten Fragmentes, obwohl Faust darin eine Rolle spielt, obgleich wie bei beiden Faustdrucken eine Scene aus der Hölle wenigstens als Erzählung den Eingang bildet. H. L. Wagner fragt im Briefe vom 22. Oktober 1776 M. ³): „Was macht die Farce?“ und erwähnt sofort darnach, daß sein Prometheus

---

¹) A. f. Lg. III, 500 ff. ²) Dünzer, Raumers histor. Taschenb. 1859, 157. II, 66, 125. Holtei, I², 186. ³) Schmidt H. L. Wagner 106.

Claudius noch im Kopfe stäcke. Und im Briefe desselben vom 9. Februar 1777 sagt er [1]): „Fausts Spazierfahrt erwart ich versprochener Maßen." Wer das Fragment M3. liest, findet sofort sich an die Farce „Götter, Helden und Wieland", weniger an „Prometheus, Deukalion und seine Recensenten" erinnert. Fausts Spazierfahrt muß als selbständige Farce gefaßt werden. Jene Frage Wagners ist mit der zweiten Briefstelle zusammenzuhalten. Faust in eine solche Satire auf die Zeit einzuflechten, war nicht seltsam; hatte doch M. seinem Fausts Leben genug satirische Züge eingemischt, ist doch Lenz' Farce „die Höllenrichter", worin Faust auftritt, das Fragment einer Satire, ist doch auch Klingers Faust wesentlich satirisch, ganz abzusehen von Goethes Ausfällen in seiner Dichtung. Aber so ungescheut M. allgemeine Satire in seinen Faust einführt, so erlaubt er sich doch nur verdeckt persönliche Angriffe, wie auf den Gottesspürhund. Unmöglich konnten im gedruckten Faust Scenen Platz finden, in welchen lebende Personen beim Namen genannt wurden, wie dies mit Merck, Wieland, Schlosser, Lavater, Pfenninger, Häseli in Fausts Spazierfahrt geschieht. Diese Farce ist hervorgerufen durch die M. ärgerliche Kritik seiner Situation aus Fausts Leben, welche Merck im teutschen Merkur [2]) veröffentlichte, und der Wieland eine scharfe Note beifügte. Faust hiebei ins Spiel zu ziehen, gab außer der augenblicklichen Beschäftigung M3. mit diesem Manne ein Zweifaches Veranlassung; einmal, daß M. eben Angriffe auf seinen Faust abwehrt, und dann Mercks bei den Freunden bekannte mephistophelische Natur. So läßt M. in der That Fausts teuflischen Begleiter mit Mercks Zügen, besonders mit dessen auffallender Nase [3]) erscheinen. Die Farce, welche 1776/7

---

[1]) Ebenda 107. [2]) 1776, III, 81. [3]) Goethe WW. XXVI, 171.

entstand, und worin ebenso wie in dem erwähnten Frag=
mente Kaufmann gepriesen wird, ist mit Geschick gemacht.
Der vorangestellte Streit der Höllenfürsten ist als Streit
der Dichter um den Vorrang zu verstehen, was M. selbst
andeutet. Nach dieser etwas langen Einleitung besucht Faust
Merck in Darmstadt und belauscht ein Gespräch des Kritikers
mit zwei Fremden, welches schließlich auf Ms. Faustsituation
hinausgeht. Damit bricht das Fragment ab. Das Ganze
ist eine Rache des Dichters voll kecken Humors, nur daß
M. hier wie oft zu geschwätzig ist, um das Lebhafte der
Satire nicht in etwas zu stören.

Ein Versuch der Charakteristik der Personen in Ms. Faust
fällt aus dem Grunde kläglich aus, weil die Entwicklung
der Figuren nicht bis zum Ende verfolgt werden kann.
Doch soll er angestellt werden.

Ms. Faust ist wesentlich Repräsentant der Sturm= und
Drangperiode. Dies leuchtete schon aus der angeführten
Stelle der Vorrede hervor. Kraft ist sein Streben; die
Erhebung seines Selbst bis zum göttlichen Vermögen sein
Ziel. Leidenschaftlich, maßlos sucht er die Grenzen seiner
Natur zu überschreiten. Und dies auf geistigem wie materiellem
Gebiete. Nach Geschicklichkeit, Geisteskraft, Ehre, Ruhm,
Wissen, Gewalt zu jeglichem Vollbringen, Reichthum, nach
allem jagt er, um den Gott dieser Welt zu spielen, der
erste, oberste der Menschen zu sein. Aber nicht diese Be=
strebungen zunächst führen Faust zum Bunde mit Mephi=
stopheles. Ihm droht die Schuldhaft, da er für Betrüger
Bürgschaft geleistet hat. In dieser Bedrängniß verspricht
der Teufel, was noth thut: die Güter der Welt. Erst nach
dem Hinweis auf diese läßt der Geist auch die Erfüllung
der Neigungen Fausts durchblicken: er zeigt Freuden der
Welt, Ehre und Ruhm in Wissenschaft und Kunst. Solche

Versprechungen, also überwiegend Aeußerlichkeiten fesseln
Faust. Sein Streben richtet sich einzig auf äußere Stell=
ung; fast nur im ersten Monologe hat er die geistige Natur
der Sage bewahrt. Selbst das Ideale der Sturm= und
Drangperiode tritt nur anfangs kurz hervor; dann nichts
als das Lechzen nach Besitz, nach Genuß. Und schlägt auch
Faust zuerst bewußt den Höllenweg ein, will er gleich „der
Columbus der Hölle" werden: wie wird er gewonnen?
schlafend, von Träumen erfüllt. So ist er ein Opfer, sein
Anschluß an die Hölle keine freie Wahl. Als Faust sich der
Sklavendienste des Mephistopheles bedient, auch da noch
ist er kein Verbrecher. Er will nicht täuschen, nicht mit
falschen Mitteln sein Ziel erreichen; mit seiner eigenen, nicht
einer verschönerten Gestalt sucht er Magellone zu gewinnen.
Darum kostet seine Leitung dem Mephistopheles schwere
Jahre. Und doch als ihm nach zwölf Jahren der Rücktritt
freisteht, und er guten Regungen zugänglich ist, was hält
ihn in den Armen der Hölle? äußere Ehre; nur Mephi=
stopheles' Drohung. er würde ein Bettler vor der geliebten
Prinzessin stehen.

Fragt man, wie M. seinen Faust so sehr aller geistigen
Größe entkleiden konnte, so ist die Antwort: M. ist selbst
der Faust, und auch seine Natur erfüllte kein weitsehender
und reifer Geist, auch er strebte nur nach äußerlicher Ehre,
nach Genuß und Reichthum, wie ihn das die Umgebung,
das kleine Hofleben, lehrte. Wie sehr M's. Wesen in Faust
verkörpert ist, geht auch daraus hervor, daß Faust die
Neigung zur Physiognomik hat, welche M. durch den Um=
gang mit dem Kraftapostel gewonnen hatte. Zugleich wird
ausgesprochen, was M's. Faust vom vollen Anschluß an La=
vaters Lehre abhielt. Diese Wissenschaft predige die Prä=
destination und arbeite der Willensfreiheit entgegen. Unein=

geschränkte Willenskraft aber ist Ideal der Zeit. Auch eine Lage wie Faust's Verschuldung, die seine Familie bedrückt, ist M's. Leben nicht fremd. Zeigt doch M's. Referat über seine Bestehlung[1]), daß er materiell schlecht stand, und klagte doch seine Mutter, daß ihr Aeltester die Familie nicht unterstützt habe.

Faust steht tiefer als M., aber im Dichter liegen die Grundzüge von Faust's Wesen im Keime. Ideales Streben enthüllt sich als Genußsucht. Auch der Aufwand von Kraft ist, wie die Leipziger Litteraturzeitung[2]) richtig bemerkt, nur ein scheinbarer. Faust entbehrt des individuellen Lebens und ebenso die Teufel, weshalb der Einfluß des gegenseitigen Verhältnisses nachdrucklos bleibt.

Die Teufelswelt hat M. fast mit größerer Vorliebe behandelt als die Faustgestalt. In ihrer Ausmalung konnte er seinem derben Geschmacke und grotesker Kraft Genüge thun. Sie bildete auch wiederholt den Vorwurf zu Gemälden. Die Titanenwelt zog ihn stets an, so auch die höllischen Geister. Indem er ihre Einwirkung auf die Erde bestimmt, ergibt sich Gelegenheit zu Satiren auf die Zustände der Zeit. Die einzelnen Geister vertreten die Berufsarten. Der Höllenfürst selbst mag als Angriff der revolutionären Zeit auf die launenhaften Herrscher gelten. Berlicki — Name aus Perlicke — ist das Zerrbild der Aerzte. Mogol tadelt der Richter Bestechlichkeit. (Derselbe Vorwurf trifft weiterhin die Polizei auf Grund der pfälzischen Zustände). Cacal geiselt die Unsittlichkeit der Zeit, wie sie durch die Mätressenwirthschaft sich ausgebildet hatte. Alles Satiren, die auch in der Idylle „das Nußkernen" hervortreten. Ferner werden die Künste besprochen. Atoti, der Litteraturteufel, berichtet

---

[1]) B. M. [2]) 1812, Nr. 136.

über sein Gebiet und nicht weniger scharf im Tadel Babillo, der Malerteufel, über die ihm zugehörigen Seelen. Ueber allen Teufeln steht Mephistopheles, das Höllengenie. Er kritisiert das allgemeine Zeitbild, wie es sich die Stürmer und Dränger ausmalten. Des Matten und Schwachen fand er die Menge, des Starken, Festen sofo, des Herrlichen, Großen wenig. Nur einen einzigen festen, ausgebackenen Kerl kennt er: Faust. Mit Hilfe seiner Geister umstellt er ihn; mehr als sie zu bieten vermögen, mehr als Schnelligkeit, Sünde, Reichthum, Wollust, Verderben, Wunscherfüllung, eine neue Welt, mehr als das kann Mephistopheles anwenden, Faust zu gewinnen. Des Träumenden Seele zieht er an sich. Aber es zeichnet ihn nicht nur die Kraft aus vor den anderen Teufeln, er hat einen sittlichen Gehalt. Er verdammt ihr niederes Treiben, weiß nur nach großen Seelen zu fahnden, nur nach königlichen Geistern, die entweder Seraph oder Teufel werden. Mephistopheles fühlt der Menschen Größe, empfindet ihre Fähigkeit zum Glück, geradeso wie ihn sein Fall schmerzt. Sich beklagt er und jene, daß er sie ins Verderben ziehen müsse: kurz, ein fühlender Teufel, dessen Pein verschlossene Liebe ist; eine Gestalt, die nur zur widerwärtigen Freude, nicht aus eigenem Wunsche vernichtet. So hat Mephistopheles ein ganz anderes Gepräge als der Goethische. Zu Faust steht er im Sklavenverhältniß; die Launen seines Herrn machen ihm schwere Zeit. Aber er muß ausdauern nach dem Vertrag. Begehren, Wollen und Empfinden des von Ehrsucht und wahnwitziger Liebe trunkenen Faust nimmt er in Sold und gewinnt ihn endgültig.

In ähnlicher Weise wie Berlicki eine Satire auf die Aerzte ist, wird Knellius, der Magister, als Hohn auf den Gelehrtenstand vorgeführt. Die Gelehrsamkeit der Zeit wird

nicht weniger verspottet als das Bardenthum und das
Philanthropinwesen. Knellius ist oberflächlich, unwissend
und großsprecherisch. In seiner Stube sieht es „gelehrt,
d. h. schweinisch" aus. Doch hat er seinen Modeton.[1]
Man sucht bei dieser Figur gerne eine persönliche Persiflage,
und der Umstand, daß der Name in der späteren Faustbearbeitung Ms. Knollius lautet, scheint auf eine solche zu
führen. Seit 1767 war ein Georg Christian Krollius[2])
Rektor in Zweibrücken; sollte die geringe Namensverschieden-
heit nicht diesen als Vorbild annehmen lassen? M. verwerthet ja seine Umgebung. Wird doch auch Kaufmann
vorgeführt, werden Zeitbilder eingeflochten, ja ein Ereigniß
wie die 1776 vorgekommene Nachtmahlvergiftung in Zürich[3])
erwähnt.

Sehr breit sind Fausts Freunde eingeführt. Doch
läßt sich bei ihnen eben so wenig absehen, welche Stellung
und Verwerthung sie im Drama finden sollten, als bei
Fausts Familie, aus der nur der Vater als Warner wirk-
sam hervortritt. Die Freunde scheinen in Liebesverhältnissen
auch als selbständige dramatische Figuren im Verlaufe aufzutreten. Das ehrliche Minchen und Wagner, beide mit
Fausts Familie näher verknüpft; Kolbel und Gretchen —
der Name wohl von der Nachtwächtersfrau im Puppenspiel —; Eckius, der Repräsentant des Renommisten, und
Gretchens Schwester bilden Liebespaare. Weitere Freunde
sind Panzer und Herz. Ob auch diese zum Theil wenigstens

---

[1]) Er bietet Chokolade an, das Getränk der Vornehmen. Vgl.
Goethe „Clavigo", Lenz „der neue Menoza", Klinger „das leidende Weib".
[2]) Lamey, memoria Crollii. Bipont. 1790. Nicol. Götz Einladung
aufs Land an Rekt. und Prof. Krollius, verm. Gedd. ed. Ramler, I, 53.
[3]) T. Werk. 1777, I, 264.

nach der Natur gezeichnet sind? Aus Ms. Zweibrücker oder Mannheimer Umgang ist zu wenig Charakteristisches bekannt, um die Frage zu beantworten.

Die wichtige Person Wagners ist als äußerst weiches Gegenbild Fausts gedacht. Im Gegensatze zu Faust, dem die Welt alles werden könnte, findet er nichts unter der Sonne, woran seine Liebe ganz haften kann. Nicht wissenschaftlicher Beistand Fausts ist Wagner, nur der fürsorgende Freund. Allzeit bekümmert um ihn, achtend auf jedes seiner Worte, auf jeden Blick, folgt er Fausts düstern Wegen, um ihn zu retten. So stimmen seine Wünsche mit denen des warnenden Vaters zusammen.

Von den drei Ständen, die M. außerdem charakteristisch einführen will, begegnen zuerst die Juden. Ihre Figur war auf der Bühne beliebt.[1] Schon daß sie als Titelvignette erscheinen, beweist, daß der Dichter auf sie Werth legte. In der That sind ihre Figuren in den gedruckten Partien weitaus am besten, genauesten gezeichnet. Im Judendeutsch verräth M. Geschick und Kenntniß. Als selbständige Scene oder als Lustspiel würden diese Figuren entschieden Glück machen, in der Fausttragödie stören sie. Es war übrigens eine Neigung der Zeit, Jargon niederzuschreiben; so verfaßt Goethe die erst später veröffentlichte „Judenpredigt" und auch in Lenz' „Soldaten" spricht der Jude seinen Dialekt, freilich nicht mit der Meisterschaft wie die M.schen.

Noch weniger erfreulich ist die übertrieben rohe Studentenscene. Man weiß nicht einmal, ob M. dieses Auftreten voll Abscheulichkeiten als Karrikatur gezeichnet hat, weil die Studenten doch zu Fausts Gunsten gegen Knellius ein-

---

[1] Schmidt, H. L. Wagner 20.

treten. Wie viel weniger roh erscheint der Student in Lenz'
„Hofmeister"! Gerade auf diese Scene mag am besten Fr.
Schlegels Wort [1]) passen, M's. Faust sei Handwerksburschen=
poesie.

Als Vertreter der Polizei treten die bestechlichen, furcht=
samen Strick und Fang auf; ihre Namen verrathen nach
dem Gebrauch der Komödie ihren Beruf. Sie sind komische
Figuren wie in Shakespeares „Viel Lärm um Nichts" und
H. L. Wagners „Kindermörderin".

Es ist nicht zu verkennen, die Einführung solcher Scenen
dient M. nur dazu, ein volles Zeitbild zu geben. Hiebei
genügt M. nicht ein einzelner Vertreter, sondern er läßt
ganze Scenen zur Charakteristik abspielen, welche für das
Drama gar kein Interesse haben, dessen Fortschritt hemmen,
den Zusammenhang zerreißen. M. bringt alles, was er auf
dem Herzen hat, ungeläutert vor. Ja er scheint nach einer
Aeußerung Lessing gegenüber [2]) einen streng dramatischen
Aufbau nicht geplant zu haben. Es paßt besser zum Ent=
wurfe eines Romans, wie Klinger die Faustsage gestaltet,
wenn M. sagt: Er beachte den Gegenstand (Faust) blos
als glückliche Veranlassung, durch Anreihung von Scenen,
bei denen das Natürliche sich mit dem Uebernatürlichen
homogen durchkreuzend, der Phantasie einen größeren Spiel=
raum eröffne und günstige Gelegenheit hiebei reiche, bei
den leidenschaftlichen Bewegungen und Explosionen sichere
Blicke sowohl nach den Höhen als auch nach den Tiefen
der menschlichen Natur zu werfen.

Und wirklich läßt sich M. Freiheit und Spielraum
genug. Er reiht die Scenen mehr an, als daß er sie ver=

---

[1]) D. Mus. IV, 251. [2]) Brief an Ther. Huber; Frkft. Conv.=Bl.
1849, Nr. 56.

bindet. So leidet das Ganze, so lebhaft einzelne Partien sind, an schleppender Breite. Dazu weiß keine Person, am wenigsten Faust selbst, ein Ende seiner Reden zu finden. Oft gibt eine Rede die Charakteristik des Sprechers statt einer Handlung. Daß der erste Theil von Fausts Leben untragisch werden mußte, lag schon in der Auffassung Fausts begründet. Er ist ohne Fehl verschuldet, ohne bewußte Hingabe dem Teufel verschrieben. Die Entwicklung des Haupthelden liegt mehr außerhalb seiner Natur, als daß sie in ihr begründet ist; und so wird das Wesen der selbst=ischen Faustfigur verwischt. Die Situation dagegen ist durch=aus dramatisch. Hier gibt Fausts Entschluß den Entscheid, hier ist die Aktion auf eine Spitze gestellt. Wie Fortgang und Schluß dieser Dichtung sein sollte, läßt sich nicht be=stimmen. Immerhin ist anzunehmen, daß Faust zum Unter=gange geführt wird. Einigen, aber nur geringen Aufschluß über den Verfolg des Dramas gibt M﹩. Bericht[1]) von seiner Rücksprache mit Lessing über Faust. Dieser habe gemeint, M. würde bei der Situation stehen bleiben und Faust durch Reue und Buße, die Parabel vom verlorenen Sohne para=phrasierend, zu seiner Rettung zurückführen; denn nach einer solchen Warnung lasse es sich nicht wohl denken, wie Faust auf solcher Bahn weiter fortschreiten wolle. M. eröffnete ihm darauf den Gang im Ganzen, wie er in seiner Idee solchen entworfen, besonders wie er sich den Ausgang ge=dacht. Lessing lächelte beifällig; recht brav sagte er beim Ende, indem er hiebei M. auf die Schulter klopfte: „sie haben den Einer recht bei der Handhabe gefaßt, die einzige Weise dies, wie man diesem gehaltreichen, doch fürchterlich=drolligem Ding einen schicklichen Schweif angewinnen, und

---

[1]) Brief an Ther. Huber, Frkf. Conv.=Bl. 1849, Nr. 56.

aus seinem Zeitalter in das unsrige bequem übertragen
mag. Mich freuet es, fuhr er fort, daß sie den Gegenstand
populär mehr mit Ironie als ernstlich behandeln; wer heut
zu Tage, wo die Teufel schon so viel von ihrem Credit
eingebüßet, diesen Stoff für eine Vorstellung nach Wahr=
scheinlichkeit auffassen wollte, um wie Dante in seiner gött=
lichen Comödie oder Klopstock in seiner Messiade, ernstliche
Ueberzeugung und Glauben an die Sache selbst zu erwecken,
würde immer einen Mißgriff machen und seinen Zweck
verfehlen." M. versicherte Lessing, daß dies nie seine Absicht
gewesen. ¹) — Das ist alles, was über den Fortgang des
Dramas bekannt ist.

Der Tendenz des Stückes entspricht die Sprache: wie
das Drama gegen alles Konventionelle sich wendet, wie im
Drama das Streben nach Natürlichkeit zur Rohheit führt,
kurz wie hier Sturm und Drang ²) die Losung ist, so auch
in der Sprache.

Nicht nur daß in der Judenscene das Idiom völlig
herrscht, auch sonst finden sich sprachliche Provinzialismen;
wie „geplöft, Lechheit, Schrapper, vermatscht" u. s. w.
Kraftausdrücke der derbsten Art häufen sich, ganz abgesehen
von dem nicht weniger bei Goethe als bei M. beliebten
„Kerl": „Bengel, Flegel, Schuft, Lümmel, Hundsfott; Laus=
dintenfaß; schmeißen, saufen, hautsatt; daß du Hund glühend
wirst" u. s. f. Fremdwörter, deren Gebrauch dem Rhein=
länder üblicher ist als dem Rechtsrheinischen, begegnen fast
auf jeder Seite. Derb wie die Wörter ist der Satz; kurz
und kräftig, nicht ausgebaut. Die Wortfolge im Satze

---

¹) Die Ausdrücke klingen gar nicht, als ob sie aus Lessings Munde
kämen. 3. Thl. ist der Verdacht berechtigt, M. habe Lessingsche Ironie
für baare Münze genommen. ²) II, 20.

wird verschoben. Inversionen, Verdopplungen der Worte sind häufig; das Subjekt oder ein allgemeines Prädikat wird gerne unterdrückt. Der Satz wird durch den Gedankenstrich zahllos oft abgerissen; ein Zeichen, daß die Sprache der Kraft des Gedankens nicht genügen kann. Alles ist ein Stottern wilder, schrankenloser Leidenschaft, wobei das Erhabene sich allerwege mit dem Burlesken berührt. Ein Beispiel für die Folge kurzer Sätze: „Warum zag ich denn? Weg! Ein andermal mehr darüber. Für jetzt, was gleich zu thun! Hin ist hin; und ich habe auch schon den Quark von Verlust vergessen. Vielleicht wollt es das Schicksal so" — 2c. Selbst zarte Stimmungen läßt die Sprache nicht zum vollen Ausdruck kommen, kurz sie ist ein rohes Toben, welches nirgends mit Ruhe und Freude Halt machen läßt. Die Berliner Litteratur- und Theaterzeitung[1]) nennt das Streben des ganzen Stückes mit Fug und Recht das immer neu, groß, kraftvoll, erhaben sein Wollende. Gerade die Uebertreibung schadet dem Bemühen, das an und für sich eine unpassende Sucht genannt werden muß.

Höchst interessant muß natürlich der Blick auf die Aufnahme dieses ersten Faust sein.[2]) Was Lessing über das Verhältniß des teuflischen Fauststoffes zur Zeit sagte, betont auch Schubart, der zugleich vor der möglichen schlimmen Wirkung warnt. „Indessen, sagt er[3]), verdient es die Betrachtung eines ruhigen Weisen, ob ein solcher Stoff von

---

[1]) 1779, 237. [2]) Nach Goedeke Grdr. I, 918 wurde Ms. Faust in der Karlsschule gelesen. Weder Wagner noch Klaiber bieten in ihren Büchern über diese Lehranstalt die Quelle. H. Prof. Klaiber bestätigte in gefälliger Mittheilung, daß ihm aus dem durchforschten Material kein Beleg erinnerlich sei. [3]) T. Chron. 1776, 254.

großen Genies mit gutem Gewissen bearbeitet werden könne. Wenn unser Vaterland daran Geschmack findet, wird es nicht, da es kaum von Teufelsbannerei gereinigt worden, bald wieder so voll Teufel, Besessenen, Schwärmern, Teufels=bannern u. dergl. Geschmeißes werden, daß wir anstatt mit einem alsdann mit unzähligen Gaßnern [1]) zu kämpfen haben?" Diese Befürchtung war nicht begründet, weil eben M. seinen Faust nicht als Besessenen zeichnete. Im Uebrigen äußert sich Schubart sehr günstig über die Situation aus Fausts Leben. Er schreibt:[2]) „Die feurige Einbildungskraft dieses jungen Genies, die, schier mit Gefahr die Flügel zu ver=sengen, auf Shakespeares Sonnenpfade daher fleucht", trete noch mehr als früher in dieser Situation hervor. „Seine Teufel haben zwar nicht die schauderhafte Größe gefallener Engel wie bei Milton und Klopstock; aber doch sind sie schrecklich genug, um Schaudern und Bewunderung zu erregen. Sonderlich zieht Mephistopheles unsere Auf=merksamkeit durch seinen feurigen Plan an sich, den er zu Fausts Verderben bildete. . . . Faust selber hat nach Ms. Zeichnung die ganze Schrecklichkeit einer in die Hölle „versenkenden großen Seele."

Schubarts Urtheil ist zu günstig. Er hat alles in die Dichtung hineingelesen, wozu nur immer ein kleiner Anhalt sich bot. Wenn auch die Situation Anerkennung verdient, zeigt doch der 1. Theil, in welchem sich M. keineswegs auf der Höhe hält, die er in der Situation einzunehmen scheint, daß Schubart Ms. Auffassung der Faustsage überschätzte.

Auf der andern Seite ergeht sich Merck zu tadelnd; [3]) er meint: „Hätte M. Fausts Schicksal mit sich herum ge=

--

[1]) Berühmter Wunderdoktor und Teufelsbanner †1779. [2]) T. Chron. 1776, 253. [3]) T. Merk. 1776, III, 81.

tragen, so würde der Mensch eher entstanden sein als die Situation." Merck erinnert daran, daß Shakespeares Figuren im tollsten Gewühl von Laster und Schwachheit eine Anlage zum Edlen und Guten verriethen. — „Aber was ist dieser Faust, wenn ihn der Teufel verläßt? ein elender Prahler, der sich bald in Königinnen verliebt und bald mit einer Sentenz im Munde weinend abgeht. Die Teufel sind halb metaphysische Bösewichter, bald gewöhnliche Tauge=nichtse, und trotz ihrer Monologe sind sie dem Verf. auch nur von weitem erschienen. Sein Junker Fritzel ist vollends nichts — kurz an dem ganzen sind weiter keine Fehler an=zumerken, und die Kritik hat deswegen daran verloren, weil Faust wirklich noch nicht entstanden ist und vielleicht noch lange Zeit verlangt, ehe die Figuren mit Haut und Haar aus dem Hirne des Verfs. hervorgehen. . . . . Nehmen die Poeten den Stoff aus dunklen Träumen poetischer Begierde und nicht aus dem Markte des Lebens auf, wer soll ihre Figuren wieder erkennen und sagen: Das ist Fleisch von meinem Fleisch und Bein von meinem Bein!"

Also auch Merck richtet seinen Angriff auf die Stoff=wahl. — Im Tadel über die Ausführung stimmt Wieland Merck vollständig bei; er schreibt diesem [1]): „Maler Müller oder Müller Maler wird die Zähne gewaltig zusammen=beißen; aber es war hohe Zeit, daß ihm einmal das Ge=schwür aufgestochen wurde. Ich habe noch eine kleine Nota unter den Text beigefügt, um die Bürschgen, die mit Shake=speares Geist so gemein thun, an ihr Nichts zu erinnern . . . . solche lausichte Gelbschnäbel sollen sich airs geben, als ob sie mit Shakespeares Geist blinde Kuh zu spielen gewohnt wären!"

---

[1]) Wagner, Briefe von u. an Merk, 72.

Die erwähnte Note lautet: „Unsere jungen Herren geben sich die Miene, als ob sie auf sehr vertrautem Fuße mit diesem Geiste lebten und ihn citiren könnten, so oft es ihnen einfiel. Ich möchte wohl sehen, wie ihnen zu Muthe würde, wenn ihnen Shakespeares Geist einmal wirklich die Ehre an= thäte und in seiner Heldengröße vor sie hinträte! Es möchten wohl wenige von ihnen seine Gegenwart ertragen können!"

Diese Recension, wie erwähnt, gab Veranlassung zu Mtz. Farce „Fausts Spazierfahrt". Nicht weniger hart äußert sich der Referent der Allgemeinen deutschen Bibliothek. [1]) Er tadelt die Sprache der höllischen Geister, sieht Shake= speares Geist nicht über dem Verf. schweben, höchstens dessen Skelett und schließt: „Wenn die wirklich sehr malerische, heiße Phantasie dieses jungen Schriftstellers durch Fleiß und Beob= achtung erst mehr abgeglüht sein wird, so glauben wir bessere Arbeiten von ihm hoffen zu dürfen. Bis jetzt aber! —"

Ebenda recensiert Biester, vermuthlich auch der Referent über die Situation, den 1. Theil von Fausts Leben. Er stimmt mit Mercks Ansicht, Faust sei eine unreife Dichtung, überein: [2]) Der erste Theil hätte so gut wie die versprochenen vier folgenden auch noch immer zurückbleiben können; denn holprichter, eckichter, unebener müsse nichts sein, als diese mit vielem Selbstgefallen dargestellten Dinge. Er meint, so närrische Wesen, wie hier die Teufel wären, könnten hernach unmöglich Furcht und Grauen erregen. Faust spreche zu= weilen ganz unsinniges Zeug; und dann wieder kämen ganz vernünftige Ausdrücke vor. Die Figur von Fausts Vater z. B. sei anziehend. In der Judenscene scheine das Kostüm am besten getroffen, die Studenten wären aber so ekelhaft, liederlich, absurd, ausschweifend gezeichnet, daß die entsetz=

---

[1]) Anhang zu Band 25—36. II, 741. [2]) Allg. d. Bibl. L, 190.

lichste Langweile sich in empörenden Unwillen verwandele.
Er erkennt die vielen satirischen Ausfälle und kommt schließ=
lich zu diesem Urtheil über den dramatischen Werth des
Stückes: Das Dramatische sei vollends elend; jeder Auf=
tretende werde durch den Nebenredenden oder durch sich selbst
so ausführlich beschrieben, als hätte er oder sein Freund
den Komödienzettel zum Besten der Zuschauer in der Hand;
nach Art der ältesten Puppenspiele, die des Verfassers großes
Muster zu sein schienen.

Biesters Tadel ist vollkommen gerechtfertigt. Weniger
scharf äußert sich eine Kritik in der Berliner Litteratur= und
Theaterzeitung[1]. Sie ist werthvoll, weil sie ausführlich
die Zugehörigkeit des Faust zur Sturm= und Drangperiode
hervorhebt und deren Vorzüge und ihre Fehler mit richtigem
Urtheil allgemein und im Hinweis auf M's. Dichtung betont.
„Faust, ein ziemlicher Lüderlich, der so zu reden den Sturm
und Drang seiner Seelenkraft fühlt, und in der ganzen
übrigen Welt Mittelmäßigkeit und Kraftlosigkeit findet. —
Diese Schilderung wird so weit getrieben, daß sie nicht nur
wenig Bewunderung erregt, sondern an den Frosch erinnert,
der sich zum Stier aufblasen will.“ Der Rec. will von den
vorsätzlichen Anachronismen, von der ganz sonderlichen
Schilderung der Teufel, von der Einmischung der allzu tollen
Studentenstreiche, von der Sucht, alle Personen die deutsche
Kraftsprache reden zu lassen, die oft passend und sehr oft
bewundrungswürdig sei, vor der Vollendung des Stückes
nichts reden. Nur was ihm gefallen und nicht gefallen hat,
kann er sagen: „Gefallen hat mir die Schilderung, die
die Teufel von unserm Erdballe und der jetzigen Litteratur
machen; der Magister Knellius, das richtigste und stärkste

---

[1] 1779, 236.

Bild eines schurkischen, pfiffigen Dummkopfes von Pedanten; Herz, der eben so heftige Freund des Fausts, als ein Feind des Knellius. Faust selbst; aber ausgenommen alles das, was er von seiner innern Kraft schwätzt. . . . Herr Müller hätte wohl Faust als einen solchen (der über sich selbst hinausbegehrt) schildern sollen, aber mit ein paar Worten nicht ganze Seiten lang. Es kann wohl sein, . . . daß er glaubt, Faust von dieser Seite am interessantesten zu machen; aber ich glaube, er wird es von dieser Seite am wenigsten werden, noch ist ers geworden. Doch dadurch verliert er seinen Werth nicht, den ihm alle Kenner zugestehen müssen. Das Publikum, worunter ich mich auch zähle, erwartet die übrigen Theile mit Ungeduld." . . . . Es sei doch besser als gar nichts; man wolle eben keine regelmäßigen Paläste mehr bauen.

Die ganze Recension rechtet weniger mit M. als mit der Zeitrichtung. So fällt auf M. als ein Kind seiner Zeit ein milderes Licht als er verdient. Denn seine Schranken= losigkeit huldigt den schlimmsten Extremen der Zeit.

Ebenso fällt Fr. Schlegel ein zu günstiges Urtheil in den Worten,[1] das Genie des Dichters bekunde sich auch hier, nur sei der Ton noch etwas zu studentisch.

Die Grenze von Ms. Vermögen tritt nirgends so deutlich hervor, wie in dieser Dichtung. Die Faustperson verlangt eben nicht bloß einen phantasievollen Dichter, sie fordert auch einen tiefen und gründlichen Geist. M. war nur Kraftgenie, und selbst dies erscheint im Faust manchmal erzwungen.

Unvollständig, wie Ms. Faust durch den Druck be= kannt ist, einseitig und ungenießbar, wie die Fragmente

---

[1] D. Mus. IV, 251.

vorliegen, hat sie wohl kein nachfolgender Dichter bei einer
Faustbearbeitung benützt; es müßte denn sein als Warnung
vor einem Abwege. Aber trotz alledem ist zu bedauern,
daß Fr. Götz' Erbin, die Besitzerin des vollständigen Faust,
diesen engherzig verschlossen hält, ebenso wie auch die zweite
Faustbearbeitung Ms., die metrische. Vielleicht daß das
harte Urtheil sich nach dessen Kenntniß mildern könnte. —

Es war für M., den Rivalen Goethes, zu verlockend,
nachdem dieser den Faust herausgegeben hatte, zu seinen
Entwürfen zurückzukehren. Goethes Faust, Ms. Adonis-
Dichtung, die klassische Epoche überhaupt munterte zur
metrischen Umdichtung auf. Zu gleicher Zeit, als der
1. Theil von Goethes Faust vollständig erschien, begann
M. nach Götz' Bericht[1]) die Umarbeitung, da er eben durch
den Kronprinzen von Bayern in eine gesicherte Lebenslage
kam. Bis zum Jahre 1820 sind 7 Aufzüge vollendet, fünf
waren in Händen Cottas, der sie Censoren vorlegte, der
sechste in denen von Therese Huber; den siebenten hatte M.
noch in seinem Besitze, der achte sollte im Herbst seine letzte
Rundung erhalten.[2]) Letzteres unterblieb. Noch im Juni
1822 arbeitete M. am achten Aufzuge,[3]) hatte ihn auch bis
Juli noch nicht vollendet. Denn zu dieser Zeit schickt er
nur einen Theil des Faust an seinen fürstlichen Gönner
durch Seinsheims Vermittlung. Ludwig fand, daß im
Faust reich jugendlich=frisch Ms. Phantasie sei, daß wir
nicht nur sehen, daß wir fühlen ein Bild der Welt. „Schwer,
fügt er jedoch bei, sehr (schwer) ist es, seinen Erzählungen
lebendige Darstellung zu erreichen."[4])

---

[1]) Gel. Schatt. [2]) Frkft. Conv.=Bl. 1849 Nr. 56. [3]) Beil. zur
Allg. Ztg. 1874 Nr. 220. [4]) Wagner an Ludwig Nr. 301. Ludwig
an Wagner Nr. 201.

Erst 25 Jahre nach des Verfs. Tod erschien der erste
Theil dieses metrischen Faust im Frankfurter Conversations-
blatt.¹) Die Note der Redaktion, das Drama bestehe aus
4 Akten, ist dahin zu erklären, daß je zwei Aufzüge einen
Akt bildeten, so daß das Mitgetheilte nur die Hälfte des
1. Aktes ausmacht. Noch später erschien autographisch das
Gespräch zwischen Faust Vater und Sohn in Götz' „Geliebten
Schatten". Die metrische Bearbeitung stimmt sprachlich mit
der prosaischen überein, so weit nicht stoffliche Differenzen
dies unmöglich machen.²)

¹) 1830 Nr. 238 ff. Fehlt in Engels Bibliotheca Faustiana.
²) z. B.

Prosaisch.	Metrisch.
Willkommen Hofspaßmacher!	He! Hofspaßmacher!
Rüstet eine Weile ein Dutzend Pillen·	Haltet fein bereit ein Dutzend Pillnln.
Ob diese Welt noch künftig Ansprüche an unsre Hölle machen darf.	Ob noch die Welt dürst An-spruch machen an die Höll.
Doktor, sprich bei Gelegenheit ein wenig für das Menschenvölkchen; ist freilich jetzt verlegne Waare.	Sprecht Doktor, doch gelegent-lich für das gute Völkchen! zwar schene Waare u. s. f.

Ebenso die von Götz mitgetheilte Stelle:

Prosaisch.	Metrisch.
O Vater wie bin ich unglücklich! Ich weiß ja nicht, was ich gethan. Ueber mir schwebt Nacht und Finster-niß und benebelt meine Sinne.	Weh unglücklich bin Vater ich, ganz unbewußt mir, was ich ge-than. O über mir schwebt Dunkel und Nacht benebelnd meine Sinne.
Vor einiger Zeit lag ich Nachts so traurig im Bette, dacht eben an dich und deine grausame Veränderung... Sieh mein Sohn, da kamst du mir im Traume vor, daß ich dich ganz eigentlich erkennen konnte.	Vor einiger Zeit lag traurig ich im Bette des Nachts, gedacht an dich nur eben und an deine schreck-liche Veränderung, sieh! da stan-dest du so gleich mir vor im Traume, daß eigentlich ich dich erkennen könnte.

u. s. f. fast durchgehends wörtlich).

Bis zur Judenscene hat der metrische Faust gereimte, von da ab ungereimte Verse von fünf, selten vier Hebungen. Das Versmaß ist streng jambisch, die Sprache matt und kraftlos wie in allen Erzeugnissen des gealterten Dichters. Aber statt daß der Satz zu ruhiger, klassischer Klarheit sich ausbildet, was M. durch möglichstes Ausmerzen aller Derb= heiten und das Vermeiden abgebrochener Sätze anstrebt, wird er ungelenk und überfüllt. Statt des präcisen Aus= druckes, den die gesunkene Geisteskraft nicht fand und falsche Auffassung edler Form unterdrückte, steht ein all= gemeines Wort, welches durch Umschreibungen bestimmt werden will.

Auch stofflich nahm M. Reinigungen vor. Die 1778 zeit= gemäße Satire war jetzt veraltet; darum mußte sie fallen. Das Satirische sollte überhaupt zurücktreten. Anderes führte M. neu ein. Eine Zusammenstellung der prosaischen und metrischen Scenen wird die Differenz erkennen lassen.

Die erste Scene des Prologs ist in der metrischen Bearbeitung erweitert, ohne daß irgend ein neuer Gedanke dazu tritt. Vizlipuzli heißt ernster Askelaff. In der zweiten ist Luzifers Rücksprache mit den einzelnen Teufeln gekürzt; dagegen Mephistopheles viel breiter eingeführt: eine günstige Veränderung. Der Auftrag des Mephistopheles an die Teufel, der schon in der Prosabehandlung metrisch war, ist in andere Verse umgegossen. Die Judenscene ist ganz gleich; auch das Idiom beibehalten. Ebenso Fausts Mono= log, nur daß dort, wo in Prosa Wagner eintritt, sich der Monolog im Metrischen fortsetzt; Faust bekennt eine heftige Liebe zu Leuchen. Dann erst schließt sich die Scene zwischen Faust und Wagner gedehnter an. Darauf die Scene zwischen Magister Knollius und Sandel dadurch wesentlich verändert, daß der früher in der Luft hangende Sandel in den Stoff

3 *

hereingezogen wird. Knollius darf nicht mehr nur als
Satire erscheinen, er bekommt Antheil an der Verwicklung,
indem er die reiche Erbin Leuchen laut Testament ehelichen
oder, wenn sie, die Faust liebt, sich weigert, in ein Kloster
sperren muß. Saubel weist ihn über seine Strenge Leuchen
gegenüber zurecht. Knollius wird mit seinen hinfälligen
Freunden verbunden, dadurch, daß er sie wegen einer er=
littenen Prügelei vertheidigt. Dafür gewinnt er diese zu
Faust's Vernichtung. Die Scenen zwischen Eckhart (statt
Eckius) und Wagner, Faust und Kalbel (statt Kölbel) —
nur daß diese Scene, statt auf dem Marktplatz zu spielen
wie im Prosaischen, jetzt: „öffentlicher Spaziergang vor dem
Thore" überschrieben ist — und endlich zwischen Eckhart,
Kalbel, Spürhund und Panzer sind völlig gleich. Hiemit
schließt der erste Akt der metrischen Bearbeitung und umfaßt
sonach ungefähr die Hälfte des prosaischen 1. Theils. Die
Situation bildete nach Mscr. Angabe den Schluß des sechsten
Aufzuges der metrischen Bearbeitung. Man sieht daraus,
daß die Anlage etwas verschoben ist; dem prosaischen Ent=
wurfe entsprechend müßte sie im dritten oder vierten Auf=
zuge des metrischen Faust stehen.

Ueber den Verlauf dieser zweiten Faustbearbeitung be=
richtet M. in zwei Briefen. Die hieher bezüglichen Stellen
mögen wörtlich eingereiht werden. M. schreibt an den
Grafen Ingenheim: [1]

„Ich kann mich nicht enthalten, Ew. Hochgeboren das
Ende von dem siebenten Aufzuge hier mitzutheilen, nur ist
nothwendig daß ich zwei Worte vorhersage, um einige
Fäden, da diese Mittheilung, die wie ein einzelnes Glied
das von seinem Körper abgelöst erscheint, für das geschicht=

---

liche Verständniß frisch anzuknüpfen. Den fünften Aufzug
haben Ew. Hochgeboren, wie ich hoffe, noch im Gedächtniß.

„Faust hatte Lenchen im Kloster besucht und darauf
Mephistopheles ihn von dort weg nach dem üppigen Hofe
der Herzogin von Flandern versetzt, um ihm das Andenken
an Lenchen unter tausend Lüsten zu ertränken. Er führt
hier das ausgelassenste Leben, verschwendet und thut es allen
Edelleuten, Grafen und Fürsten die diesen Hof besuchen
zuvor, so daß er endlich die Gunst der Herzogin erhält und
gleichsam der Beherrscher des Landes ist, von dem alle
Geschäfte und Gnaden abhangen. Allein da die Herzogin
den Wechsel in ihren Vergnügungen liebt, so sticht bald
darauf der junge und rüstige Graf von Geldern ihn in der
Gunst bei ihr aus. Faust's Eitelkeit fühlt sich hiedurch
beleidigt, er will den Grafen zum Zweikampf herausfordern,
allein Mephistopheles redet ihm solches aus und schlägt ihm
vor des Grafen tugendhafte Gemahlin und fromme Schwester
statt dessen zu verführen, worein Faust willigt. So schließt
sich der fünfte Aufzug. Im sechsten erfahren wir daß
Lenchen von dem Besuche Faust's schwanger blieb.

„Unterdessen hatte Lenchen sich in der scheußlichsten
Lage, der Verzweiflung nahe befunden. Tag und Nacht
von der Angst gefoltert daß ihr Zustand möchte entdeckt
und sie schmählicher Strafe unterzogen werden, wozu sich
der Schmerz vereinigte von ihrem Geliebten sich so grau=
sam verlassen zu sehen. Dieß alles nöthigte sie der Muhme
ihren Zustand zu entdecken, hatte aber ihre Lebensgeister
so stark erschöpft, daß sie über der Geburt von einem
Söhnchen ihren Geist aufgab.

„Ehe dieß geschah, war Wagner bereits auf Lenchens
und der Aebtissin Bitte abgereist, um eine Wallfahrt in
das gelobte Land für beide zu unternehmen und am heiligen

Grab ein Gelübde für beide zu lösen. Die fromme Aebtissin Hilaria hatte das Kind heimlich einer vortrefflichen Dame, die in der Nähe von Ancona ihren Landsitz hatte, um für dessen Erziehung zu sorgen, zugestellt. Allein nach Verlauf von einigen Jahren starb diese und hinterließ den Knaben an eine ihrer Freundinnen, um für dessen Erziehung weiter zu sorgen. Diese aber trat bald darauf ihn vortheilshalber an eine vornehme Dame ab, die des Knaben Schönheit halber eine starke Neigung für ihn faßte und ihn zu ihrem Leibdiener sich wollte erziehen lassen. Sie legte ihm den Namen Paris bei. Da aber an dem Hofe dieser Dame ein nicht allzu sittliches Leben geführt ward, so hatte der Gehülfe von Mephistopheles, Balak, Gelegenheit gefunden unter der Gestalt als Lehrer sich dort einzuschleichen und dem Knaben die gefährlichsten Grundsätze beizubringen. Besonders aber hetzte er ihn nach seines Meisters Mephistopheles Absicht beständig gegen Faust als den Mörder seiner Mutter an, und um ihn stärker gegen solchen zu erbittern und zweck=mäßiger seine Rache zu leiten, stellte er ihm den Ring zu den Faust bei dem Besuche von Lenchen in dem Kloster zurückgelassen, nebst dem Bildniß von Faust, das Lenchen besaß, um den Mörder sicher zu erkennen, und fügte bei daß, wenn er den Mord seiner Mutter würde gerächt haben, er dann erst erfahren würde wer sein Vater sei. Dieser, durch solche Vorstellungen auf das stärkste aufgebracht, schwur auf das heiligste seiner Mutter Tod zu rächen und keine Mühe zu sparen den Mörder, sobald er zu den Jahren gelangt sei, durch alle Welttheile zu verfolgen.

„Unterdessen war Wagner nach einer Reihe von Jahren von seiner Wallfahrt aus dem gelobten Lande zurückgekehrt. Er vernahm Lenchens Tod, die er wie eine Schwester auf das zärtlichste geliebt hatte, mit äußerster Rührung. Die

fromme Aebtissin theilte ihm ihren Kummer mit wegen dem
gefährlichen Stande worin Paris sich befinde (ihr war
solches durch eine Erscheinung von Lenchen im Traum
offenbart worden), und trug ihm auf sich nach dem Palast,
wo solcher sich befinde, nahe beim See von Perugia gelegen,
zu verfügen, um ihn von dort weg in Deutschland nach
Ingolstadt zu seinen mütterlichen Anverwandten zu bringen.
Sie gab zu dem Ende ihm alle Briefschaften und Papiere
die Lenchen hinterlassen mit, und fügte zu solchen gewisse
Heiligthümer von hoher Kraft, welche ihr soeben von dem
heil. Vater verehrt worden, und welche den der sie am
Halse trug, vor den Angriffen der Hölle nicht allein schütz-
ten, sondern auch alle bösen Geister sogleich aus der Nähe
verscheuchten.

„Wagner unterzog sich willig diesem Auftrag und
machte sich des folgenden Tages schon auf die Reise. Da
er bei Paris anlangte, legt er ihm sogleich die Halskette
um; Balak, welcher der Gewalt von dem Heiligthum welche
darin bewahrt war nicht Muth hatte zu widerstehen, ent-
fernte sich plötzlich unter Angst und Schrecken.

„Er theilte ihm darauf der Aebtissin Plan mit, diese
Stelle zu verlassen und ihm nach Deutschland zu folgen,
wozu solcher sich sogleich bereitwillig bezeigte. Sie ent-
wichen an einem Morgen frühe, eilten nach Pesaro, wo sie
sich auf dem Etrurischen Meer einschifften und nach Venedig
fuhren. Nach kurzem Aufenthalt dort reisten sie über Land,
um durch Friaul sich Bayern zu nähern, wurden aber am
dritten Tag auf dieser Reise in einem Walde von einer
Bande Räuber überfallen, welche, nachdem sie den Wagner
verwundet und beinahe todt auf der Erde liegen gelassen,
sich aller Habe des Paris bemächtigt und ihn mit sich davon
geführt. Mephistopheles sandte saracenische Kaufleute, die

eben vorbeizogen, zu solchen, den Knaben zu erhandeln, weil sie ihn den Gesandten des Königs von Orano wieder theuer verkaufen könnten.

„Dieses alles wollte ich voraus anführen, weil im sechsten Aufzug das meiste in Erzählung vorkommt.

„Dieser Aufzug aber beginnt in Straßburg in Kalbels Wohnung. Dieser hatte Gretchen, des Registrators Panzers Nichte, geheirathet, Ekhart löffelte an der ihrer Schwester Clärchen, wollte aber nicht, obgleich er immer zur Heirath Hoffnung gemacht, bis dahin sich zur förmlichen Ausführung von solcher entschließen. Es gelingt aber dem Herz, der eben vom Lande her Kalbel gleichfalls einen Besuch gemacht hatte, mit Hülfe Gretchens und Kalbels, den Ekhart durch ein quid pro quo so verstrickte, daß er sein Jawort von sich geben mußte, worauf solcher nun auch will daß die Hochzeit ohne Verzug stante pede gehalten werde.

„Diese Scene gehört zu den erfreulichsten die in diesem Stücke vorkommen. Der Advokat geht nun auf kurze Zeit nach Hause, um dort Anstalten machen zu lassen damit er am Abend seine Braut bei sich einführen könnte. Während dem liest Herz, der sich damit belustigte Fausts Biographie zu schreiben, auf Gretchens Bitten der übrigen Gesellschaft, d. h. dem Kalbel, Panzer und Clärchen, das weitere vor, wo er letzthin geblieben. Nämlich daß Faust mit Mephi= stopheles' Beistand des Grafen von Geldern Gemahlin und Schwester wirklich entführt, allein vom Grafen auf der Flucht eingeholt worden. Dieser hatte ein vergiftetes Schwert zu sich genommen, um Faust um so sicherer ermorden zu können. Allein Mephistopheles hatte solches mit dem Schwert von Faust verwechselt, so daß beide sich bei diesem Anfall verwundet, der Graf wenige Tage nachher an seiner Wunde starb, über welche Geschichte die Herzogin so entrüstet ward, daß sie Faust des Landes verweisen ließ.

„Dieser, um sich zu zerstreuen, machte eine Reise über die Eisinseln bis an den Nordpol. Dort führte ihn Mephistopheles durch eine Oeffnung bis in den Mittelpunkt der Erde. Von dort führte er ihn nach Amerika über die Cordilleren in die Tiefe des Oceans, und endlich durch Afrika über Griechenland und Italien nach Deutschland zurück, wo er ihn mit Fastnachtsspielen und lustigen Schwänken unterhielt, die aber darnach abzielten dessen sittlichen Charakter immer mehr zu verschlimmern.

„Ekhart war während dem Lesen wieder zurückgekommen und eben sprang nun Kalbels kleiner Junge zur Thüre herein, um anzudeuten daß ein Pilger mit gelbem Haar und Bart an der Thüre stehe und verlange Kalbel zu sprechen. Man ließ ihn eintreten, und Wagner war's, der von seiner Reise über Wien ankam und die traurige Nachricht von Leuchens Tod ansagte, worüber alle höchst gerührt sich fanden. Er erzählt seine eigene Geschichte, wie er in Friaul von der Reise aus Italien sei von Räubern angefallen, geplündert und verwundet worden, und wie gutmüthige Reisende, deutsche Ritter, die ihn in solcher Lage gefunden, sich seiner erbarmet und ihn mit bis nach Wien geführet, wo eben Faust sich am Hofe des Kaisers befunden und mit seinen Künsten alles in Erstaunen gesetzt habe, und wie er sich alle Mühe gegeben solchem sich zu nähern, um ihm von Leuchens Tod Nachricht zu ertheilen, allein durch Mephistopheles immer daran sei gehindert worden. Bei dieser Gelegenheit erzählt er dann manche von den Künsten die Faust vor dem Kaiser verrichtet, wodurch er ihn und das ganze Land in Erstaunen gesetzt.

„Während dieser Unterhaltung wird der Hochzeitsschmauß aufgetragen, und die Gäste werden nun gebeten in den Saal, wo bereits aufgedeckt, zu treten.

„Herz aber hält den Wagner einen Augenblick allein, wo ihm dieser die Geschichte von Faust und Paris mittheilt.

„Nachdem auch diese in den Speisesaal getreten waren, und Gretchen mit Clärchen einen Augenblick sich allein befand, um einige Sachen für die Mahlzeit nachzusehen, vernehmen sie ein starkes Geräusch und Lärmen im Saal. Fritz kommt gesprungen, um anzudeuten daß soeben Faust sich bei der Tafel als Gast eingefunden, um an Ekharts Hochzeit theilzunehmen, und nun erblickt man gleich darauf die Scene wo Faust von seinen Universitätsfreunden umgeben sich zeiget. Herz ist wie außer sich, und nicht weniger drücken Kalbel und Ekhart ihre Freude über diesen Besuch aus. Faust läßt ihn wissen daß er erstens gekommen um an Ekharts und Clärchens Fest theilzunehmen, dann ihnen alle hohen kosmopolitisch-philanthropischen Projecte mitzutheilen, zu deren Ausführung er sie einladet. Wagner und Gretchen suchen sich dem Faust gleichfalls zu nähern, der erste um ihm die Nachricht von Lenchens Tod und daß Paris sein Sohn sei, mitzutheilen; die zweite wollte ihn fragen: wohin sein Vater gekommen sei, der auf einmal so verschwunden sei. Da aber Mephistopheles nicht wollte daß augenblicklich solcher von diesem unterrichtet werde, und Fausts philanthropische Projecte ihm ohnehin schon zuwider waren, so trillte er die beiden ersten eine Zeit lang so im Kreise herum, daß sie nicht wußten wo sie sich befanden, den Faust aber entrückte er von dort unversehens nach Mailand, wo eben Paris, vom Gefolge der saracenischen Gesandtschaft umgeben und auf das kostbarste ausgeschmückt, einzog. Mephistopheles ließ Faust in einem Nebel verhüllt den Paris sehen, dessen Schönheit ihn vor Erstaunen außer

sich setzt. Er erkundigte sich bei einem von dem Gefolge
wer dieser Knabe sei und wohin man ihn führe, und ver=
nahm daß er zum Geschenk für die wunderschöne Prinzessin
Uraca,[1]) des Königs von Granada Schwester, bestimmt sei;
daß siebenzig königliche Freier sich an dem Hofe von Granada
aufhalten, um ihre Hand zu werben, und sie erklärt habe:
daß derjenige bei ihr den Vorzug bei der Wahl erhalten
sollte der am bestimmten Tag und Stunde ihr werde das
schnellste Roß zum Reiten, den stärksten Falken zum Beizen
und den schönsten Knaben zum Aufwarten als Geschenk
darbiete. Auf diese Erzählung sucht Mephistopheles den
Faust neugierig zu machen, um den Hof von Granada zu
besuchen, die Pracht von Alhambra, den stolzen Aufzug der
Freier und die wunderschöne Prinzessin Uraca in Augen=
schein zu nehmen. Er findet jetzt um so mehr nothwendig
dessen Sinnlichkeit auf jede Weise festzuhalten, da der kritische
Augenblick herannaht daß er, nach dem Contract den er
mit Faust geschlossen, diesem nun bald ansagen mußte daß
die Hälfte von der Zeit die zwischen ihnen bedungen worden
verflossen sei. Diese Situation blieb, wegen der Wirkung
die sie nothwendig auf Fausts Gemüth hervorbringen mußte,
für die Bearbeitung am gefährlichsten. Auch sagte Lessing
damals, als in Mannheim er die Skizze von solcher las
(sie ward bei Schwan besonders gedruckt): „Müller hat sich
mit solcher eine tüchtige Last auf den Hals geladen wenn
er dies Stück weiter auszuführen willens ist, denn schwer
ist zu begreifen wie nach solcher Ankündigung Faust länger
in des Mephistopheles Stricken verweilet. Er würde am
besten thun wenn er der Parabel vom verlornen Sohn im
Evangelio folgte, und Faust sich bekehren und seinem himm=

---

[1]) Name aus Cid.

lischen Vater sich in die Arme werfen ließe." Lebte er noch, so schmeichelte ich mir daß er dieses Problem ohne gewalt= same Mittel, blos durch das Beiwirken zweier Leidenschaften, Stolz und Eigenliebe, sicherlich genug gelöst finden würde.

„Faust wollte in dem Moment sich wirklich von der Gewalt seines gefährlichen Führers losmachen, allein dieser hatte schon gesorgt daß dies ihm jetzt unmöglich ward. Denn damals schon, als Mephistopheles den mächtigen Ein= druck gewahr ward den des Paris Schönheit auf Faust hervorbrachte, suchte er bei diesem schon das Gelüsten zu der Geschlechtsbefleckung rege zu machen, damit er durch dessen eignen Sohn den Keim von diesem Laster bei ihm anpflanzen möchte, da schon lange es in seinem Plan lag daß Faust aus Eifersucht sollte seinen eignen Sohn umbringen, um auf solche Weise Laster auf Laster bei ihm zu häufen. Allein Faust's Gefühl war bis dahin noch zu rein, um sich von dessen Schlingen fangen zu lassen. Vielmehr weckte dieses Ansinnen bei ihm die Erinnerung an den Genuß von Lenchen im Kloster auf, so daß er verlangte daß Mephistopheles ihn sogleich zu solcher hinbringen möchte. Doch da letzterer über Faust's Phantasie Meister war, zu= gleich dieser sich sehr erhitzt und durstig fühlte, so führte er ihn schnell nach Schwarzthal in des Baron Frizel's Keller. In der Nacht ließ er dort im Schloß durch Balak's List, um von dessen Stimmung Vortheil zu ziehen, ihn von einem Phantom, das Paris völlig ähnlich gebildet war, im Taumel seiner Sinne überfallen, so daß solcher, als er erwachte, vermeinte: er habe die That mit Paris wirklich vollbracht, und deßwegen mit Mephistopheles eiferte. Dieser hatte bei dieser Täuschung zwei Absichten, erstlich Faust zu diesem Laster, in welches als das scheußlichste und der Gipfel aller Laster er ihn endlich noch zu iniziiren dachte, den Samen einzuimpfen, und da er wußte daß beim ersten Augenblick Faust hierüber einen Abscheu vor sich selber haben würde, ihn dann die Prinzessin Uraca sehen zu lassen, wodurch er gleichsam, um aus diesem Verbrechen durch eine reine und natürliche Verehrung an dem Geschlecht sich mit der Natur wieder auszusöhnen, sich zu einer hohen romantischen Liebe zu begeistern suche." (Der Schluß des Briefes fehlt.)

Ueber den Schluß der Fausttragödie berichtet M. an Therese Huber: [1])

„Ich führte daher den Lehrsatz hier durch, daß dem sündigen von Gott abgefallenen, die himmlische Güter oder Engel sich nicht eher nähern können, wenn es nicht Gottes besonderer Wille ist, um ihn aus den Stricken der Hölle zu befreyen, bevor er selbst nicht durch Reue und Buße und vesten Glauben an den Mittler, hiezu ihnen den Weg bahnet. Die Seelen, welche im Paradies, (von Leuchen und Faust's Vater) sich in der Folge mit Eifer für Faust's Rettung verwenden, sich aber wegen dessen schwerer Sünden-Bemakelung ihm nicht warnend nähern dürfen, nehmen mit Begünstigung der Heil. Jungfrau als der gebenedeyeten Vorsteherin und Fürsprecherin der Leidenden im Fegefeuer, zu diesen, indem ihnen, da sie zwischen dem Himmel und der Erde verweilend, am Wohl und Weh der Lebenden näheren Antheil zu fassen, ihnen verliehen ist, Zuflucht, durch deren Vermittelung, Faust's Gemüth, bey Aufdeckung von seiner gefährlichen Lage zu erschüttern und der Reue sein Herz öffnend, die himmlische Mächte zu seiner Befreyung zu waffnen. Dieses gelingt verschiedene mahle in so weit auch, um die Kinder des Lichtes mit denen von der Finsterniß, zwar nur auf kurze Proben in Kampf zu setzen, indem die

---

[1]) Frkf. Conv.-Bl. 1849 Nr. 56 und 57.

letztern bey der Macht, mit der sie Fausts Leidenschaften
aufzuregen, und ihn hiebey zu beherschen wissen, dessen
baldigen Rückfall befördern und so den Sieg davon tragen;
wobey aber er selbst, von einer Sündenstufe zu der andern
sich immer tiefer wälzend, endlich bey Entwürdigung der
menschlichen Natur, in den tiefsten Pfuhl des Gräuels ver=
sinkt, an Gottes Barmherzigkeit verzweifelnd, der Sünde
die nach der Bibel nicht vergeben werden kann, worinn ich
dann, nicht ohne Billigung der poetischen Gerechtigkeit, ihn
untergehen lasse.

„In so weit dürfte die Aufgabe . . . . nicht blos nach
critischer Foderung, sondern auch der Theorie von der
Theologie gemäß, sich genug gelößt zeigen, wenn der in der
Hälfte von der Zeit gewarnete, nur nach völligem Ablaufe
von solcher, seinem Charakter getreu, in dem Zustande, der
solch ein Loos rechtfertiget, dahinn fährt. Zwar würde ich
diese Vernichtigung, die herb meiner Empfindung entgegen=
tritt, nicht haben über den Protagonisten ergehen lassen,
aus dessen Wesen unbezweifelte Urkunden von Seelen=adel
hervorleuchten, so daß zuversichtlich mann gewahr wird, daß
seine Kräfte sicher zum allgemeinen Besten er angewendet
haben würde, wenn eine stärkere Gewalt nicht es verhindert
und durch Reizung von dessen Leidenschaften, zum Bösen
immer umgekehrt hätte. Nur die Wirkung von dem Ganzen,
für die moralische Nothwendigkeit, und weil ich das Mittel
zum Voraus stets bereit hielt, den Untergegangenen für die
Theilnahme sogleich wieder zu rechtfertigen und frey in die
Gegenwart zurückzuführen, wie beym lesen von dem lezten
Aufzuge, Sie, wie ich hoffe, nicht unzufrieden sich über=
zeugen werden, durften zu diesem fürchterlichen Urtheile
bestärken.“

Die ganze Fassung ist ernster geworden, das Komische

ausgeschieden. Die wesentlich moralische Auffassung hat viel
Aehnlichkeit mit dem, was sich aus Lessings Fragmenten
und den Nachrichten über seinen Faust vermuthen läßt.
M., der Konvertit, bringt Grundsätze der Theologie herein;
ganz im katholischen Sinne faßt er die Heiligenwelt. Auch
die Gedankensünde läßt M. seinen Faust begehen durch den
Genuß des Phantoms seines Sohnes. Faust wird vollständig passiv; eigene Thatkraft tritt ganz zurück. Es ist
nur noch seelischer Tugendkampf. Sinnenlust ist die Haupt-
gefahr. Um ihn dieser möglichst nahe zu bringen, tritt allein
der fahrende Faust auf. Die Idee der Volkssage, daß die
Spitzen der Wissenschaft sich mit der Teufelswelt berühren,
verschwindet. Das geistige Streben wird gleich anfänglich
durch Sinnenlust erstickt. Und dieser gemäß muß Faust
untergehen. Freilich wenn dann M. seinen Helden wieder
frei in die Gegenwart zurückführt, so muß man auf Lessings
Entwurf, nur ein Phantom vom Satan verführen zu lassen,
zurückgreifen, denn eine andere Erlösung ist nicht absehbar,
da jeder Grund dazu fehlt; hat nämlich Faust auch gute
Eigenschaften, so treten diese doch gar nicht thätlich hervor.
Auch der Streit der himmlischen und höllischen Geister um
Fausts Leiche — M. malte einen solchen um die Leiche
Moses' — wird Lessings Ideen entlehnt sein.

Eine andere Neugestaltung geht deutlich auf Goethes
Faust 1. Theil zurück. Abgesehen von der kleinen Veränderung der Scenerie: „öffentlicher Spaziergang vor dem
Thore" statt „Marktplatz" die bedeutsame Einführung
eines weiblichen Wesens, welches durch Wechselliebe an Faust
gekettet ist. Ein solches Liebesverhältniß Fausts kannte die
prosaische Bearbeitung nicht. Lenchen — der Name ist von
der Helena des Puppenspiels entlehnt — entspricht dem
Goethischen Gretchen. Wie weit der Dichter M. hinter dem

Dichter Goethe zurückstand, beweist die schon in den wenigen
gegebenen Punkten merklich unbedeutendere Auffassung dieser
Frauengestalt bei M. Der katholische Dichter läßt die
Verführung Leuchens noch dadurch in einem grelleren Lichte
erscheinen — ein Mittel, das auch Lenau in seinem Faust
verwerthet, — daß sie im Kloster begangen wird. An diese
Figur knüpft M., nachdem Leuchen gestorben war, eine recht
abenteuerliche Entwicklung, indem Leuchens und Fausts Sohn
der Mittelpunkt wird. Frömmelnd wie die ganze Auffassung ist Wagner geworden, der schon in der Prosafassung
weich war, und hier als tugendhafter Vermittler, der für
andere sühnt, geradezu ermüdet. Die übrigen Freundes-
gestalten sind auch hier nicht deutlich erkennbar; nur möchte
ihr Aufenthalt in Straßburg an Vorbilder im Salzmann-
schen Kreise erinnern. Nach dem Vorgange Goethes ist
Mephistopheles breiter ausgearbeitet. Merkwürdig bleibt,
daß Ms. Faust mit einer wesentlich katholischen Himmels-
scene endigt, und daß auch Goethe einen solchen Abschluß
seines 2. Theils für nöthig hielt.

M. selbst hat offenbar sehr viel auf seine Fausttragödie
gehalten, was zwischen allen Zeilen seiner Briefe heraus-
zulesen ist. Ob Herder, den er sich zum Censor wünscht[1]),
seinem Gefühle beigestimmt hätte?

Auch von dieser zweiten Fassung ist wenig Genuß nach
den von M. gegebenen Skizzen zu erwarten. Fest steht, daß
aus derselben der Geist der Sturm- und Drangperiode ge-
wichen und wohl auch, daß in diese erst das stark religiöse
Moment eingetragen ist. Ein genaueres Bild zu entwerfen,
wird erst die Veröffentlichung gestatten.

---

[1]) Brief an Ingenheim, Beil. Nr. 220 z. Allg. Ztg. 1874.